아이에게 전하는
다정한 말 영어 필사

아이에게 전하는
다정한 말 영어 필사

지은이 퍼포먼스 코치 리아
펴낸이 임상진
펴낸곳 (주)넥서스

초판 1쇄 인쇄 2025년 10월 25일
초판 1쇄 발행 2025년 11월 5일

출판신고 1992년 4월 3일 제311-2002-2호
10880 경기도 파주시 지목로 5
Tel (02)330-5500 Fax (02)330-5555

ISBN 979-11-94643-89-0 13740

출판사의 허락 없이 내용의 일부를
인용하거나 발췌하는 것을 금합니다.
저자와의 협의에 따라서 인지는 붙이지 않습니다.

가격은 뒤표지에 있습니다.
잘못 만들어진 책은 구입처에서 바꾸어 드립니다.

www.nexusbook.com

> 머리말

몇 년 전 여름, 오랜만에 아버지와 식사를 하다가 아버지가 물으셨습니다.
"우리 딸은 요즘 잘 지내니?"

평소처럼 "그럼요, 아빠는요?"라는 대답 대신, 그날은 "저는 요즘 제 안에 있는 내면 아이를 잘 돌보려고 하는 중이에요."라는 대답을 하며 눈물이 왈칵 쏟아졌습니다. 저는 어린 시절 대부분의 시간을 부모님과 함께 보내지 못했습니다. 시간이 흘러 부모님 역시 충분한 사랑을 경험하지 못하셨겠다고 이해하게 되었지만, 저 역시 사랑하는 이들에게 충분한 사랑을 줄 수 있는 능력이 부족한 건 아닐까 고민하게 되었습니다.

어렸을 때부터 속상한 일이 있거나 문제가 생기면 스스로 고민하고 해결하다 보니, 누군가를 깊이 위로하거나 그저 따뜻하게 곁에 있어 주는 것을 잘하지 못한다는 것을 알게 되었습니다.
예를 들어, 친한 친구의 "나를 좀 응원해 줘."라는 말에 "넌 정말 잘 해낼 수 있어."라는 따뜻한 말 대신, "다른 사람에게 기대는 것보다, 네가 스스로에게 힘을 실어 주는 것이 더 중요해."라는 말을 하고 있었습니다.

그런 제 모습을 보며 생각했습니다.
항상 맞는 말만 하는 사람이 아닌, 사랑의 말을 해 줄 수 있는 사람이 되고 싶다고.

그러기 위해선 매일 사랑의 말을 연습하는 것이 필요했습니다.

내 안의 아이에게, 그리고 곁에 있는 사람들에게 "사랑한다"라는 말을 꾸준히 건네면서 "난 소중한 존재야."라는 안전함이 마음속에 자리 잡을수록 말이죠.
그러면서 상대방에게도 "넌 소중한 존재야."라는 말을 더 진심을 다해 전할 수 있다는 걸 경험하게 되었습니다.

몇 년 전, 한 독자분께 이런 이야기를 들은 적이 있습니다. 키즈 카페에서 아이를 기다리며 〈영어필사 100일의 기적〉을 따라 쓰고 있었는데, 그 안에서 "You are worthy."라는 문장이 계속 마음에 남았다고 하셨습니다. 그리고 집에 돌아가는 길에 그 말을 아이에게 직접 해 주셨다고요.
그 이야기를 들으며, 부모님이 자신의 내면 아이에게 사랑의 말을 건네면, 그 사랑은 결국 아이에게도 흘러간다는 것을 느꼈습니다.

사랑한다는 말은 여러 가지 모습으로 표현될 수 있습니다. 하지만 사랑의 언어가 아직 익숙하지 않다면 막상 무슨 말을 해야 할지 막막하고 답답할 수 있죠. 〈아이에게 전하는 다정한 말 영어 필사〉는 부모님이 자신 안의 내면 아이와 자녀 모두에게, 100일 동안 사랑의 말을 전할 수 있도록 돕기 위해 집필되었습니다.

이 책을 통해 매일 사랑의 언어를 곱씹으며 자신에게도, 아이에게도 건네 보세요.
그 말이 우리에게 사랑의 능력을 키워 주고, 나 자신과 자녀에게도 가장 따뜻한 선물이 되길 진심으로 바랍니다.

퍼포먼스 코치 리아

Chapter 01
I love you 나는 널 사랑해

Day 001	Everything about You 너의 모든 것	14
Day 002	Your Eyes 너의 눈	16
Day 003	Your Giggle 너의 웃음소리	18
Day 004	Your Questions 너의 질문들	20
Day 005	Your Mind 너의 마음	22
Day 006	Your Face 너의 얼굴	24
Day 007	Your Little Magic 너의 작은 마법	26
Day 008	The Gift of You 너라는 선물	28
Day 009	The Truth of My Love 내 사랑의 진실	30
Day 010	Your Worthiness 너의 가치	32

Chapter 02
I'm Listening 내가 듣고 있단다

Day 011	Your Day 너의 하루	36
Day 012	Your Moments 너의 순간들	38
Day 013	Your Voice 너의 목소리	40
Day 014	Your Stories 너의 이야기들	42
Day 015	Take Your Time 천천히 해도 돼	44
Day 016	The Things You Don't Say 네가 말하지 않는 것들	46
Day 017	When It's Hard to Talk 말하기가 힘들 때	48
Day 018	When Your Words Tumble Out 네 말이 한꺼번에 쏟아질 때	50
Day 019	When You Want More 네가 더 원할 때	52
Day 020	When Things Don't Go Your Way 일이 네 뜻대로 되지 않을 때	54

Chapter 03

It's Okay 괜찮아

Day 021	Your Need for Space 네가 필요한 공간	58
Day 022	When You Make Mistakes 네가 실수할 때	60
Day 023	It's Okay to Be Angry 화가 나도 괜찮아	62
Day 024	No Bad Feelings 나쁜 감정은 없어	64
Day 025	Celebrating with You 너와 함께 축하하기	66
Day 026	Being Yourself 너답게 있는 것	68
Day 027	Changing Your Mind 마음을 바꾸는 것	70
Day 028	Not Knowing 모르는 것도 괜찮아	72
Day 029	Needing Help 도움이 필요할 때	74
Day 030	Slow Progress 천천히 나아가는 것	76

Chapter 04

I will lead you 내가 이끌어 줄게

Day 031	The Love Behind My No '안 돼' 뒤에 있는 사랑	80
Day 032	Loving Boundaries 사랑의 경계	82
Day 033	Loving Guidance 사랑으로 하는 지도	84
Day 034	Loving Leadership 사랑으로 이끌기	86
Day 035	Even When You're Angry 네가 화가 나 있을 때도	88
Day 036	Big Feelings, Gentle Hands 큰 감정, 다정한 손	90
Day 037	Rules That Keep You Safe 너를 안전하게 지켜주는 규칙들	92
Day 038	Safety for Everyone 모두를 위한 안전	94
Day 039	Respecting What Others Love 다른 사람이 아끼는 것을 존중하기	96
Day 040	Gentle Words 부드러운 말	98

Chapter 05

You are safe 넌 괜찮아

Day 041	You Don't Have to Earn My Love 내 사랑을 얻기 위해 노력할 필요는 없어	102
Day 042	I Will Always Be Next to You 언제나 네 곁에 있을 거야	104
Day 043	My Love Doesn't Disappear 내 사랑은 사라지지 않아	106
Day 044	You're Safe 넌 괜찮아	108
Day 045	Always Remember 항상 기억하렴	110
Day 046	Even When I'm Mad 내가 화가 나더라도	112
Day 047	Loved in Every Season 모든 계절에 사랑 받는 너	114
Day 048	One of a Kind 세상에 단 하나뿐인 너	116
Day 049	You Belong Here 너의 자리	118
Day 050	When the World Feels Big 세상이 크게 느껴질 때	120

Chapter 06

I'll Take Care of Myself 나는 나를 돌볼 거야

Day 051	Love in Every Emotion 모든 감정 속에 담긴 사랑	124
Day 052	Your Only Job 네가 해야 할 단 하나의 일	126
Day 053	Saying Sorry 미안하다는 말	128
Day 054	Not Because of You 너 때문이 아니란다	130
Day 055	My Feelings Aren't Your Fault 내 감정은 네 잘못이 아니야	132
Day 056	I Am Strong Enough 나는 충분히 강해	134
Day 057	Even When… 설령 내가…	136
Day 058	After the Storm 폭풍이 지나간 후	138
Day 059	Joy Is My Job 기쁨은 나의 몫	140
Day 060	Grown-Up Feelings 어른도 감정을 느껴	142

Chapter 07

You Can Say No 싫다고 말해도 돼

Day 061	You Don't Owe Everyone a Yes 모두에게 "네"라고 할 필요는 없어	146
Day 062	Boundaries 경계	148
Day 063	"No" Is Not Unkind "싫어요"는 불친절이 아니야	150
Day 064	Stand Up for Yourself 너 자신을 지켜야 해	152
Day 065	Your Worth Is Never in Question 너의 가치는 언제나 변함없어	154
Day 066	It's Okay to Change Your Mind 마음을 바꿔도 괜찮아	156
Day 067	Your Body Belongs to You 네 몸은 너의 것이란다	158
Day 068	You Can Say No 싫다고 말해도 돼	160
Day 069	Others' Boundaries 다른 사람들의 경계	162
Day 070	Respecting Others 다른 사람을 존중하기	164

Chapter 08

I See You 네 마음을 알아

Day 071	I See You 네 마음을 알아	168
Day 072	Your Joy 너의 기쁨	170
Day 073	Your Fear 너의 두려움	172
Day 074	Your Creativity 너의 창의성	174
Day 075	Your Kindness 너의 친절함	176
Day 076	Your Effort 너의 노력	178
Day 077	Your Patience 너의 인내심	180
Day 078	Your Courage 너의 용기	182
Day 079	Your Smart Thinking 너의 똑똑한 생각	184
Day 080	Your Responsibility 너의 책임감	186

Chapter 09
I'm Proud of You 네가 자랑스러워

Day 081	Just As You Are 있는 그대로의 너	190
Day 082	The World Needs You 세상은 너를 필요로 해	192
Day 083	You Bring Joy 너는 기쁨을 가져오는 아이야	194
Day 084	The Try Matters 시도가 중요해	196
Day 085	Loved From the Start 처음부터 사랑 받는 아이	198
Day 086	Worth Beyond Winning 이기는 것 이상의 가치	200
Day 087	Simply You 그냥 너라서	202
Day 088	You Are My Joy 너는 나의 기쁨이야	204
Day 089	You Are Enough 넌 있는 그대로 충분해	206

Chapter 10
You Can Do It 넌 할 수 있어

Day 090	Trying Is Winning 시도하는 게 이기는 것	210
Day 091	Brave Enough to Begin 시작할 만큼의 용기	212
Day 092	Mistakes Mean You're Learning 실수는 배우고 있다는 뜻이야	214
Day 093	Just Ten Minutes 딱 10분만	216
Day 094	Keep Drawing 계속 그리기	218
Day 095	Little Steps Add Up 작은 걸음이 모여서	220
Day 096	Closer Every Time 매번 조금씩 가까워지는	222
Day 097	Take a Break 쉬어 가기	224
Day 098	Trying Again 다시 해 보기	226
Day 099	Proud No Matter What 결과와 상관없이 자랑스러운 너	228
Day 100	You Can Figure It Out 너는 해낼 수 있어	230

다정한 말 영어 필사

사용법

1. 우리 아이의 마음이 단단해질 수 있는 따뜻한 말들을 영어로 필사해 봅니다. 처음부터 차례대로 할 필요는 없어요. 오늘 내 마음에 와닿는 내용을 골라서 필사해도 괜찮습니다. 중요한 것은 부모님의 마음이 스스로와 아이에게 닿을 수 있도록 진심을 다해 필사를 하는 것이에요.

2. 필사한 내용을 음원으로 들어 보면서, 오늘 우리 아이에게 이 말을 어떻게 전달하면 좋을지 생각해 봅니다. 그리고 사랑의 마음을 가득 담아 부모님의 목소리로 아이에게 말해 주세요.

3. 필사 노트의 하단 박스에는 내가 진정으로 나 자신과 아이에게 해 주고 싶은 한 마디를 적어 보세요. 영어 또는 우리말 모두 좋아요. 그렇게 하고 싶은 말을 스스로 적어 보면서 다시 한번 사랑의 마음을 키워 볼 수 있는 기회가 됩니다.

4. 100일 동안 아이와 영어로 소통하고 공감하면서, 아이의 마음은 더욱 단단해지고 부모님의 사랑은 더욱 커지는 것이 느껴질 거예요. 생각날 때마다 스스로와 아이에게 반복해서 사랑의 말을 전해 주세요.

넥서스 홈페이지(www.nexusbook.com)에서 도서명을 검색하시면 무료로 다운로드가 가능합니다.

CHAPTER 01

I love you

나는 널 사랑해

Day 001 — Everything about You

Did you know I love everything about you?
You are so special to me.
You came into my life as the greatest gift.
You are my favorite person in the whole world.

너의 모든 것

내가 너의 모든 것을 사랑한다는 걸 알고 있니?
넌 내게 정말 특별한 존재란다.
넌 내 삶에 찾아온 가장 소중한 선물이야.
내가 이 세상에서 가장 좋아하는 사람은 바로 너란다.

special 특별한   the greatest gift 최고의 선물   favorite 가장 좋아하는
whole 전체의

Day 002

Your Eyes

Your eyes shine when you're curious.
Your voice gets loud when you talk about what you love.
Your nose scrunches when you laugh.
Your feet bounce when you're happy.

너의 눈

네 눈은 궁금한 게 있을 때 반짝반짝 빛이 난단다.
네 목소리는 좋아하는 것에 대해 말할 때 커진단다.
네가 웃을 때 네 코는 찡그려진단다.
네 발은 기쁠 때 통통 튀어 오른단다.

shine 빛이 나다　curious 호기심이 많은　loud 소리가 큰　scrunch 찡그리다
bounce 통통 튀다

I Love You

Day 003

Your Giggle

Your little giggle makes me happy.
It's my favorite sound in the world.
Your smile is contagious.
When you laugh, I can't help but laugh too.

너의 웃음소리

네 작은 웃음소리가 날 행복하게 해 준단다.
그건 세상에서 내가 가장 좋아하는 소리야.
네 미소는 전염성이 있어.
네가 웃으면 나도 모르게 따라 웃게 된단다.

giggle 낄낄거리는 웃음소리   smile 미소   contagious 전염성의
can't help ~할 수밖에 없다

Day 004 Your Questions

Your questions make me smile.
I love listening to your curiosity.
Your imagination makes our days brighter.
Your curiosity takes us on little adventures.

너의 질문들

네 질문들이 날 미소 짓게 만든단다.
네 호기심에 대해 듣는 게 정말 좋아.
네 상상력이 우리의 하루를 더욱 밝게 만들어 줘.
네 호기심은 우리를 작은 모험으로 데려간단다.

question 질문 curiosity 호기심 imagination 상상력 bright 밝은
adventure 모험

I Love You

Your Mind

The way your mind works fascinates me.
The way you see the world changes
how I see mine.
When you think out loud,
I get to hear your magic.

너의 마음

네 마음이 작동하는 방식은 정말 매력적이야.
네가 세상을 바라보는 방식이 내가 세상을 보는 방식도 바꿔 줘.
너의 생각을 소리 내어 말할 때,
나는 너의 마법을 들을 수 있단다.

mind 마음, 생각   way 방식, 방법   work 작동하다   fascinate 마음을 사로잡다
hear 듣다

I Love You

Your Face

Your face lights up when you learn something new.
I see joy in your eyes when you draw.
You smile with your whole face.
Every look you give me is a gift.

너의 얼굴

새로운 걸 배울 때 네 얼굴은 환하게 빛난단다.
네가 그림을 그릴 때 네 눈에서 기쁨이 보여.
넌 얼굴 전체로 웃는구나.
네가 나에게 보내는 모든 눈빛이 선물이란다.

light up 환하게 되다   learn 배우다   joy 기쁨   every 모든

I Love You

Your Little Magic

Your laugh never gets old.
Watching you sleep feels like a blessing.
Silly sounds you make are pure joy.
I never get tired of being with you.

너의 작은 마법

네 웃음은 언제나 새롭단다.
네가 자는 모습을 보는 건 축복 같은 느낌이야.
네가 내는 장난스러운 소리들은 순수한 기쁨이란다.
너와 함께 있으면 지겨울 틈이 없어.

never get old (아무리 반복해도) 질리지 않는다, 여전히 재미있다   watch 보다
blessing 축복   silly 유치한, 우스꽝스러운   pure 순수한   get tired 지치다

I Love You

Day 008

The Gift of You

Holding your tiny hand feels like holding the world.
Watching you discover something new is a privilege.
I'm honored to be the one you look for.
Your wonder teaches me every day.
And being your safe place is my greatest joy.

너라는 선물

네 작은 손을 잡고 있으면 세상을 다 가진 듯한 기분이 들어.
네가 새로운 걸 발견하는 모습을 보는 건 특권이야.
네가 찾는 사람이 나라는 게 영광이야.
네 놀라움이 나를 매일 가르쳐 줘.
그리고 너의 안전한 안식처가 되어 주는 게 나의 가장 큰 기쁨이란다.

gift 선물 hold 잡다 tiny 아주 작은 discover 발견하다 privilege 특권
be honored 영광이다 look for ~을 찾다 wonder 놀라움 safe place 안전한 장소

I Love You

The Truth of My Love

I don't love you because you try hard.
I love you because you're 'you.'
I hope you know this, my darling.
I love you for who you are, not what you do.

내 사랑의 진실

난 네가 열심히 해서 사랑하는 게 아니란다.
나는 '너'이기에 너를 사랑하는 거야.
내 사랑하는 아이야, 그걸 꼭 알고 있기를 바라.
나는 네가 무엇을 하는지가 아니라, 네 존재 자체를 사랑해.

truth 진실   try hard 열심히 노력하다   hope 바라다, 희망하다   darling 얘야(사랑하는 사람을 부를 때 쓰는 표현)

I Love You

Your Worthiness

You never have to question your worth.
You were born worthy of love.
You're already everything I could ever ask for.
You are so, so loved.

너의 가치

너의 가치를 절대 의심할 필요가 없단다.
넌 태어날 때부터 사랑 받을 가치가 있었어.
넌 이미 내가 바랄 수 있는 모든 것을 갖춘 사람이야.
넌 정말, 정말 사랑 받고 있단다.

---

worthiness 가치 있음 earn 얻다 be born 태어나다 worthy 가치가 있는
already 이미 everything 모든 것 ask for 바라다 be loved 사랑 받다

CHAPTER 02

I'm Listening

내가 듣고 있단다

Day 011

Your Day

I am all ears!
Tell me about your day.
Tell me all the things you want to share.
I love listening to you.

너의 하루

나는 온전히 귀 기울이고 있어!
네 하루가 어땠는지 말해 줘.
네가 나누고 싶은 모든 이야기를 해 주렴.
네 이야기를 듣는 게 정말 좋단다.

be all ears 열심히 귀를 기울이다　share 나누다, 공유하다　listen 듣다

I'm Listening

Day 012

Your Moments

I want to know what made you laugh.
I want to know what made you cry.
I want to know what surprised you.
I want to know what you wanted to say, but didn't.

너의 순간들

너를 웃게 한 것이 무엇이었는지 알고 싶어.
너를 울게 한 건 무엇이었는지도 알고 싶어.
너를 놀라게 한 것이 무엇이었는지 궁금하단다.
그리고 네가 말하고 싶었지만 하지 못한 말이 뭔지 알고 싶어.

moment 순간 laugh 웃다 cry 울다 surprise 놀라게 하다

I'm Listening

Day 013 Your Voice

You never bother me when you want to talk.
Your voice is never "too much" for me.
I want to hear what's on your mind.
You're never alone.

너의 목소리

네가 이야기를 하고 싶을 때, 그건 결코 나를 귀찮게 하는 게 아니란다.
네 목소리가 '과하다'라고 느껴지는 순간은 절대 없어.
네 마음속에 있는 이야기를 듣고 싶어.
넌 절대 혼자가 아니란다.

voice 목소리   never 절대 ~않다   bother 귀찮게 하다   too much 지나친, 부담스러운
alone 혼자인

I'm Listening

Day 014 Your Stories

You can tell me anything; even the things you're scared to say.
You don't have to say the perfect things.
I won't laugh. I won't get mad.
I'll be listening.

너의 이야기들

네가 무서워서 말하기 어려운 것까지, 무엇이든 나에게 이야기해도 된단다.
완벽한 말을 할 필요는 없어.
나는 웃지도, 화내지도 않을 거야.
네 이야기를 들어줄 거란다.

story 이야기   anything 어떤 것   even 심지어 ~도   scared 겁이 난, 두려운
perfect 완전한   mad 화가 난

I'm Listening

Take Your Time

Day 015

I won't interrupt you.
I won't rush you.
I want to hear your whole story.
Take your time.

천천히 해도 돼

나는 네 말을 끊지 않을 거야.
재촉하지도 않을 거야.
네 이야기를 끝까지 듣고 싶어.
천천히 해도 돼.

take one's time 천천히 하다   interrupt 방해하다   rush 재촉하다   whole 전체의

I'm Listening

Day 016

The Things You Don't Say

It's okay when you don't have the words.
I'm listening to your silence.
You don't have to talk for me.
Just know when you're ready, I'll still be right here.

네가 말하지 않는 것들

말할 단어가 떠오르지 않아도 괜찮아.
나는 너의 침묵에도 귀를 기울이고 있단다.
나를 위해서 억지로 말할 필요는 없어.
네가 준비되었을 때, 나는 여기에 있을 거라는 것만 알아 주렴.

word 단어 listen 듣다 silence 침묵 just 그저 be ready 준비되다 still 여전히
right here 바로 여기

I'm Listening

Day 017 When It's Hard to Talk

If talking feels too hard, we can draw it.
Or write it. Or just sit together.
I'll understand you're saying something important.
I'm here in every way you want to share.

말하기가 힘들 때

말하는 게 너무 어렵게 느껴질 때는, 그림을 그릴 수도 있어.
혹은 글로 쓸 수도 있고, 그냥 함께 앉아 있을 수도 있지.
네가 중요한 말을 하고 있다는 걸 나는 이해할 거야.
네가 나누고 싶은 어떤 방식으로든 내가 여기 있을게.

hard 힘든, 어려운 draw 그림을 그리다 write 쓰다 sit 앉다 together 함께
important 중요한 in every way 어떤 방식에서나

I'm Listening

Day 018

When Your Words Tumble Out

Sometimes words come out too fast or all at once.
I'm not in a hurry. I'll listen until you finish.
You can start over as many times as you want.
What you say matters to me.

네 말이 한꺼번에 쏟아질 때

가끔은 말이 너무 빨리, 혹은 한꺼번에 쏟아져 나올 때가 있지.
나는 서두르지 않을 거야. 네가 끝낼 때까지 들어 줄게.
원한다면 몇 번이고 다시 시작해도 괜찮아.
네가 하는 말들은 나에게 소중한 거니까.

tumble out 떨어져 나오다   come out 나오다   all at once 동시에, 한꺼번에
in a hurry 서두르는   finish 끝내다   start over 다시 시작하다   matter 중요하다

I'm Listening

Day 019

When You Want More

When you really want something,
I'll listen to why it's important to you.
Sometimes the answer will still be no,
and I'll help you handle that.

네가 더 원할 때

네가 무언가를 정말 원할 때,
그게 왜 너에게 중요한지 나는 귀 기울여 들을 거야.
가끔은 대답이 여전히 '안 돼'일 수도 있지만,
그 순간을 잘 받아들일 수 있도록 내가 도와줄게.

more 더 (많이)   really 정말로   important 중요한   answer 대답   handle 다루다

I'm Listening

When Things Don't Go Your Way

Day 020

I'll listen when things don't go your way.
I won't tell you to "just get over it."
Sometimes plans change and it feels really hard.
I'll be right next to you until your heart feels lighter.

일이 네 뜻대로 되지 않을 때

네 뜻대로 일이 풀리지 않을 때 내가 들어 줄게.
"그냥 잊어버려."라고 말하지 않을 거야.
가끔은 계획이 바뀌고, 그게 참 힘들게 느껴질 때가 있단다.
네 마음이 한결 가벼워질 때까지 바로 네 옆에 있어 줄게.

go one's way 일이 뜻대로 되다   get over ~을 잊어버리다   plan 계획   feel 느껴지다
next to ~옆에   until ~까지   heart 마음   lighter 더 가벼운

I'm Listening

CHAPTER 03

It's Okay

괜찮아

Your Need for Space

If you want time alone, that's okay.
Sometimes we need that space.
Your space matters.
When you're ready, we can share our stories again.

네가 필요한 공간

혼자만의 시간이 필요하다면, 괜찮아.
우리는 그런 공간이 필요한 때가 있어.
너만의 공간은 중요한 거야.
네가 준비될 때, 우리는 이야기를 다시 나눌 수 있단다.

space 공간 alone 혼자 matter 중요하다 share 나누다, 공유하다 again 다시

It's Okay

When You Make Mistakes

When you make mistakes, remember this.
It's okay to make mistakes.
Mistakes are how you learn and grow.
I make them too, and I'm still learning every day.

네가 실수할 때

네가 실수했을 때, 꼭 기억하렴.
실수해도 괜찮단다.
실수는 배우고 성장하는 방법이야.
나도 실수를 하고, 여전히 매일 배우고 있단다.

make mistake 실수를 하다   remember 기억하다   learn 배우다   grow 성장하다
every day 매일

It's Okay to Be Angry

It's okay to be mad sometimes.
When things don't go as we want, we can feel angry.
I'll help you find a way to talk about it
without hurting yourself or others.

화가 나도 괜찮아

가끔은 화가 나도 괜찮아.
원하는 대로 되지 않을 때 우리는 화가 날 수 있어.
너 자신이나 다른 사람을 다치게 하지 않으면서,
그 화에 대해 이야기할 방법을 찾도록 도와줄게.

angry 화가 난　mad 화가 난　go (일이) 진행되다　as ~처럼　find 찾다　way 방법
without ~없이　hurt 다치게 하다　others 다른 사람들

It's Okay

No Bad Feelings

All your feelings are okay.
There's no such thing as a "bad" feeling.
You can tell me anything you feel.
I'll always listen to you.

나쁜 감정은 없어

네 모든 감정은 괜찮은 거란다.
"나쁜" 감정이라는 건 없어.
네가 느끼는 어떤 감정이든 나에게 말해도 돼.
언제나 네 이야기를 들어 줄게.

bad 나쁜   there's no such thing 그런 것은 없다   anything 무엇이든   always 언제나

It's Okay

Celebrating with You

When you're happy, I want to celebrate with you.
When you're sad, I want to hold you.
I care about every single feeling you have.
You don't have to go through them alone.

너와 함께 축하하기

네가 행복할 때, 너와 함께 축하하고 싶어.
네가 슬플 때, 너를 꼭 안아 주고 싶어.
나는 네가 느끼는 감정 하나하나를 소중히 여긴단다.
그 어떤 감정도 너 혼자 감당할 필요는 없어.

celebrate 축하하다   sad 슬픈   hold 안다   care about ~에 관심을 가지다
every single 하나하나의   go through 통과하다, 감당하다

It's Okay

★

Day 026

Being Yourself

You can be yourself and still be loved.
There's no need to try to be like someone else.
You're already wonderful, exactly as you are.
I wouldn't change a single thing about you.

너답게 있는 것

그냥 너 자신으로 있어도 넌 여전히 사랑 받을 수 있단다.
다른 사람처럼 행동할 필요는 전혀 없어.
너는 이미 지금 있는 그 모습 그대로 멋진 존재야.
나는 너에 대한 단 하나도 바꾸고 싶지 않단다.

be oneself 본인의 모습 그대로이다   there's no need to ~ ~할 필요가 없다
already 이미   wonderful 훌륭한   exactly 정확히   single 단 하나의

It's Okay

Changing Your Mind

You can change your mind.
Sometimes you learn more and see things differently.
That doesn't make you wrong.
I'll help you figure out your next step.

마음을 바꾸는 것

마음을 바꾸어도 괜찮아.
가끔은 더 많이 배우고 나면 세상이 다르게 보일 수 있어.
그렇다고 네가 틀린 건 아니란다.
네가 다음 단계를 찾을 수 있도록 도와줄게.

differently 다르게   wrong 잘못된   figure out 문제, 해결책을 찾아내다
next step 다음 단계

Day 028

Not Knowing

It's okay if you don't know the answer yet.
That's how learning works.
You figure it out step by step.

모르는 것도 괜찮아

아직 답을 몰라도 괜찮아.
배움은 원래 그런 거란다.
하나씩 차근차근 알아 가는 거야.

okay 괜찮은   answer 정답   yet 아직   step by step 차근차근

It's Okay

Day 029

Needing Help

It's okay to need help.
No one does everything alone.
Asking for help is a brave thing to do.
I'll always be glad if you ask me.

도움이 필요할 때

도움이 필요해도 괜찮아.
모든 일을 혼자 해내는 사람은 없어.
도움을 구하는 건 용기 있는 행동이야.
나에게 부탁하면 나는 언제나 기쁠 거야.

no one 아무도 ~않다 everything 모든 것 ask for ~을 요청하다 brave 용기 있는
glad 기쁜

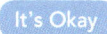

Day 030 Slow Progress

Take your time.
You don't have to be the fastest to be amazing.
What matters is that you're moving forward,
little by little.
I'm cheering for you every step.

천천히 나아가는 것

천천히 하렴.
가장 빨라야만 멋진 건 아니야.
중요한 건 조금씩이라도 앞으로 나아가는 거란다.
내가 너의 모든 걸음을 응원하고 있어.

progress 진전, 나아감   fastest 가장 빠른   amazing 멋진   move forward 전진하다
little by little 조금씩   cheer for ~를 응원하다   every step 모든 걸음

It's Okay

CHAPTER 04

I will lead you

내가 이끌어 줄게

The Love Behind My No

Day 031

Sometimes you're upset that I said no.
But I said no because I love you.
I have to teach you what's not good for you.
Even when you're mad, I won't leave.

'안 돼' 뒤에 있는 사랑

가끔은 내가 '안 돼'라고 해서 속상할 때가 있을 거야.
하지만 나는 너를 사랑하기 때문에 그렇게 말한 거란다.
너에게 좋지 않은 것이 무엇인지 가르쳐야 하니까.
내가 화가 나더라도 나는 너를 떠나지 않을 거야.

behind ~뒤에   upset 속상한   teach 가르치다   be good for ~에 좋다
even when ~할 때에도, ~한 상황에서도   leave 떠나다

I will lead you

Day 032

Loving Boundaries

I don't say yes to everything.
Not because I don't care, but because I do.
I love you too much to let everything slide.
Boundaries are part of my love.

사랑의 경계

나는 모든 걸 다 허락하지는 않아.
그건 네게 관심이 없어서가 아니라, 오히려 관심이 많기 때문이야.
너를 너무 사랑하기에 모든 것을 그냥 넘어갈 수는 없어.
경계를 만드는 건, 내 사랑의 일부란다.

boundary 경계   care 관심이 있다   too much 너무 많이   let something slide
~을 그냥 넘어가다   part of ~의 부분, 일부

I will lead you

Loving Guidance

When you feel upset about a rule,
my love for you doesn't change.
The rule is still there to help you grow.
Love stays. Rules stay.
Both are here to keep you safe.

사랑으로 하는 지도

어떤 규칙 때문에 네가 속상해도,
너에 대한 내 사랑은 변하지 않아.
그 규칙은 네가 성장하도록 돕기 위해 있는 거야.
사랑은 그대로고, 규칙 또한 그대로야.
둘 다 너를 안전하게 지켜 주기 위해 있는 거란다.

guidance 지도   rule 규칙   change 변하다   stay 머무르다   both 둘 다
keep 유지시키다   safe 안전한

I will lead you

Day 034

Loving Leadership

I'm like your best friend, but I'm your parent.
It's my job to lead you.
You're still growing, and I will protect you and teach you.
That's what love does.

사랑으로 이끌기

나는 네 가장 친한 친구 같지만, 부모이기도 하단다.
너를 이끌어 주는 게 나의 역할이야.
너는 아직 자라고 있고, 나는 너를 보호하고 가르쳐 줄 거야.
그게 바로 사랑이 하는 일이란다.

leadership 지도력, 통솔력   best friend 가장 친한 친구   parent 부모   job 책임, 책무
lead 이끌다, 앞서다   protect 보호하다

I will lead you

Day 035

Even When You're Angry

Even when you're angry with me,
I'm still your home.
Even when you push me away, I'll stay close.
You don't have to like me to be loved by me.
I'm not going anywhere.

네가 화가 나 있을 때도

네가 나에게 화가 나 있을 때도, 나는 여전히 너의 집이란다.
네가 나를 밀어내더라도, 나는 곁에 있을 거야.
나에게 사랑 받기 위해서 나를 좋아할 필요는 없어.
나는 어디에도 가지 않을 거야.

still 여전히 home 집 push away 밀어내다 stay close 곁에 있다 be loved 사랑을 받다 anywhere 어디에도

I will lead you

Day 036 — Big Feelings, Gentle Hands

You can feel angry.
You can feel frustrated.
But you can't hurt someone.
I'll help you find a way
to express your feelings better.

큰 감정, 다정한 손

화가 날 수 있어.
답답할 수도 있어.
하지만 누군가를 다치게 해서는 안 된단다.
네 감정을 더 잘 표현할 방법을 내가 함께 찾아 줄게.

gentle 온화한, 다정한 frustrated 좌절감을 느끼는, 답답한 hurt 다치게 하다
someone 누군가 express 표현하다 better 더 좋은

Day 037

Rules That Keep You Safe

Some rules might feel annoying.
But rules are here to keep you safe.
I make them because your safety matters
more than anything.
Even when you don't like them,
I'm keeping you safe.

너를 안전하게 지켜주는 규칙들

어떤 규칙들은 귀찮게 느껴질 수도 있어.
하지만 규칙들은 너를 안전하게 지키기 위해 있는 거란다.
네 안전이 무엇보다 중요하기 때문에 이 규칙들을 만드는 거야.
네가 그 규칙들을 마음에 들어 하지 않아도,
나는 너를 안전하게 지키고 있는 거야.

keep ~ safe ~를 안전하게 지키다, 보호하다   might ~일지도 모른다   annoying 짜증스러운, 귀찮게 하는   safety 안전   more than anything 그 무엇보다 더

I will lead you

Day 038 — Safety for Everyone

I know it's hard when you feel big feelings.
But it's not okay to push, throw, or hit.
Let's take a few deep breaths together.
I'll keep everyone safe; including you.

모두를 위한 안전

감정이 커질 때는 힘들다는 걸 알아.
하지만 밀거나, 던지거나, 때리는 건 괜찮지 않아.
우리 함께 깊게 숨을 몇 번 쉬어 보자.
내가 모든 사람들을 안전하게 지킬게, 너를 포함해서 말이야.

everyone 모두　hard 힘든　push 밀다　throw 던지다　hit 때리다　take a deep breath 크게 숨을 쉬다　including ~을 포함해서

I will lead you

Day 039

Respecting What Others Love

It's not okay to break what someone else cares about.
Things matter because people matter.
Let's use our words. Let's use our hearts.
I'll help you.

다른 사람이 아끼는 것을 존중하기

다른 사람이 소중히 여기는 것을 망가뜨리는 건 옳지 않아.
사람이 소중하니까, 그 사람이 아끼는 것도 소중한 거야.
말로 표현하자. 마음으로 표현하자.
내가 도와줄게.

respect 존중하다   others 다른 사람들   break 부수다, 망가뜨리다   people 사람들
use 사용하다

I will lead you

Day 040

Gentle Words

It's not okay to say mean things.
Words are powerful, so let's use them gently.
Let's take a breath and find the right words.
I'll help you use your voice with
kindness and strength.

부드러운 말

못된 말을 하는 건 괜찮지 않아.
말은 힘이 있으니, 부드럽게 사용하자.
숨을 고르고, 알맞은 말을 찾아보자.
내 목소리를 친절하고 강하게 쓸 수 있도록 내가 도와줄게.

mean 못된　powerful 강력한, 영향력이 있는　gently 부드럽게　right 올바른
voice 목소리　kindness 친절　strength 힘, 기운

I will lead you

CHAPTER 05

You are safe

넌 괜찮아

You Don't Have to Earn My Love

You never have to earn my love.
It's yours from the moment
you came into this world.
Nothing can make it disappear.

내 사랑을 얻기 위해 노력할 필요는 없어

내 사랑을 얻기 위해 노력할 필요가 없어.
네가 이 세상에 온 순간부터 그 사랑은 네 것이었어.
그 사랑을 사라지게 만들 수 있는 것은 아무것도 없단다.

earn 얻다   from the moment ~하는 순간부터, ~하자마자   nothing 아무것도
disappear 사라지다

You are safe

Day 042

I Will Always Be Next to You

I want you to remember this.
I will never leave you.
No matter what happens,
I will always be next to you.

언제나 네 곁에 있을 거야

이걸 꼭 기억해 줬으면 해.
나는 절대 널 떠나지 않을 거야.
무슨 일이 일어나도,
나는 언제나 네 곁에 있을 거란다.

remember 기억하다 never 절대 ~않다 leave 떠나다 no matter what 아무리 ~라고 해도 happen 일이 일어나다

My Love Doesn't Disappear

There's nothing in this world that can stop me from loving you.
My love doesn't disappear,
not when you cry, not when you're mad,
not even when you make a mistake.
My love will always be with you.

내 사랑은 사라지지 않아

세상 그 무엇도 내가 너를 사랑하는 걸 막을 수는 없어.
내가 울 때도, 화가 날 때도, 심지어 실수를 할 때도,
내 사랑은 절대 사라지지 않아.
내 사랑은 언제나 너와 함께 있을 거란다.

disappear 사라지다 stop someone from -ing ~하는 것을 막다, 못하게 하다
cry 울다 mad 화가 난 even when 심지어 ~일 때도 make a mistake 실수하다

You are safe

Day 044

You're Safe

You're safe to cry.
You're safe to feel mad.
You're safe to say how you feel.

넌 괜찮아

울어도 괜찮아.
화가 나도 괜찮아.
네가 느끼는 걸 말해도 괜찮아.

cry 울다   mad 화가 난   say 말하다   feel 느끼다

You are safe

Always Remember

Nothing you do will make me love you less.
Nothing you say will push me away.
I'm not going anywhere.
You are always safe with me.

항상 기억하렴

네가 무엇을 하더라도 너를 덜 사랑하게 되는 일은 없을 거야.
네가 무슨 말을 하더라도 내가 너에게서 멀어지는 일은 없을 거야.
나는 어디에도 가지 않을 거야.
너는 나와 함께 있을 때 언제나 안전하단다.

always 항상　**less** 덜　**push ~ away** ~를 밀어내다　**anywhere** 어느 곳도

You are safe

Day 046 — Even When I'm Mad

Sometimes I look mad,
but that doesn't mean I will leave you.
Sometimes I look tired,
but that doesn't mean I don't love you.
I love you even when I'm upset,
disappointed, or sad.

내가 화가 나더라도

가끔 내가 화 나 보일 때가 있지만,
그렇다고 널 떠날 거라는 뜻은 아니야.
가끔 내가 지쳐 보일 때가 있지만,
그렇다고 해서 너를 사랑하지 않는다는 뜻은 아니야.
내가 속상하거나 실망하거나 슬플 때도, 여전히 너를 사랑한단다.

look ~처럼 보이다　mean 의미하다　tired 피곤한, 지친　upset 속상한
disappointed 실망한　sad 슬픈

You are safe

Day 047

Loved in Every Season

Whether it's sunny or rainy, happy or hard,
you are loved in every season of life.
My arms are your shelter, always.

모든 계절에 사랑 받는 너

햇살이 비치는 날이든 비가 오는 날이든, 기쁠 때든 힘들 때든
너는 삶의 모든 계절 속에서 사랑 받고 있단다.
내 품은 언제나 너의 쉼터야.

---

season 계절 **whether** ~이든 아니든 **sunny** 맑은 **rainy** 비가 오는 **life** 삶
shelter 안식처, 쉼터

You are safe

Day 048 One of a Kind

There is only one you in the whole world.
No one can take your place in my heart.
You're not just loved, you're needed.

세상에 단 하나뿐인 너

온 세상에 너는 단 한 명뿐이야.
내 마음속에서 누구도 네 자리를 대신할 수는 없어.
너는 단지 사랑 받는 존재가 아니라, 꼭 필요한 존재란다.

one of a kind 유일한 사람   only 유일한   no one 누구도 ~않다   take one's place ~의 자리를 대신하다, 대체하다   just 단지

You are safe

Day 049

You Belong Here

This is your home.
Your laughter belongs here.
Your tears belong here.
You will always have a place with me.

너의 자리

여기가 바로 너의 집이야.
너의 웃음도, 너의 눈물도 다 이곳에 속해 있어.
너에겐 언제나 나와 함께할 자리가 있단다.

belong 소속되다(이 문맥에서는 마음 놓고 있을 수 있는 곳, 속하고 환영 받는 상태)
laughter 웃음   tear 눈물   place 자리

You are safe

When the World Feels Big

Day 050

Even when the world feels big and loud,
we can sit close and breathe together.
Here in my arms, you are safe.

세상이 크게 느껴질 때

세상이 크고 시끄럽게 느껴질 때도,
우리는 가까이에 앉아 함께 숨을 쉴 수 있단다.
여기 내 품 안에서, 너는 안전하단다.

---

loud (소리가) 큰   **close** 가까이   **breathe** 숨을 쉬다   **in one's arms** ~의 품에

CHAPTER 06

I'll Take Care of Myself

나는 나를 돌볼 거야

Love in Every Emotion

Whether I'm laughing or crying,
whether I'm full of energy or running low,
my love for you is always the same.

모든 감정 속에 담긴 사랑

내가 웃고 있을 때나 울고 있을 때나,
에너지가 넘칠 때나 지쳐 있을 때나,
내가 너를 사랑하는 마음은 언제나 똑같단다.

emotion 감정　whether ~이든 아니든　full 가득 찬　energy 에너지
run low 고갈되다　same 같은

I'll Take Care of Myself

Your Only Job

Day 052

You don't have to cheer me up.
You don't have to solve my problems.
Your job is to play, learn, and grow,
and that's more than enough.

네가 해야 할 단 하나의 일

너는 나를 기쁘게 해 줄 필요가 없어.
너는 내 문제를 해결할 필요도 없어.
네가 할 일은 놀고, 배우고, 자라는 것이고,
그것만으로도 충분하단다.

job 책임, 책무 cheer ~ up ~의 기분을 띄워 주다 solve 해결하다 problem 문제
more than enough 충분하고도 남을 만큼, 아주 충분히

I'll Take Care of Myself

Day 053 Saying Sorry

I'm sorry I raised my voice.
I was feeling stressed, but that's not your fault.
I will not raise my voice with you.
I'm working on keeping my voice calm with you.
I can handle my feelings, and I always love you.

미안하다는 말

내가 목소리를 높여서 미안해.
내가 스트레스를 받고 있었지만, 그건 너의 잘못이 아니야.
앞으로 너에게 목소리를 높이지 않을 거야.
너와 함께 있을 때 목소리를 차분히 유지하려고 노력하고 있어.
내 감정은 내가 다스릴 수 있고, 나는 언제나 너를 사랑한단다.

raise one's voice 목소리를 높이다   feel stressed 스트레스를 받다   fault 잘못
work on ~에 애쓰다   calm 차분한   handle 다스리다

I'll Take Care of Myself

Not Because of You

I might look upset, but I'm not going anywhere.
I might feel tired, but my love for you never changes.
How I feel is mine to take care of, not yours.

너 때문이 아니란다

내가 속상해 보일 수도 있지만, 난 어디에도 가지 않아.
내가 피곤할 수도 있지만, 너를 향한 사랑은 절대 변하지 않아.
내 감정은 내가 돌봐야 하는 것이지, 네가 할 일이 아니란다.

because of ~때문에   look upset 속상해 보이다   tired 피곤한   mine 나의 것
take care of ~를 돌보다

I'll Take Care of Myself

Day 055 — My Feelings Aren't Your Fault

If I'm quiet, I might be thinking.
If I'm distracted, I might be figuring things out
in my mind.
If I'm short with my words, I might be tired.
None of this means you've done something wrong.

내 감정은 네 잘못이 아니야

내가 조용하다면, 아마 생각 중일 거야.
내가 딴 생각을 한다면, 머릿속으로 무언가를 정리하고 있는 걸 수도 있어.
내가 말을 짧게 한다면, 그냥 피곤한 걸 수도 있어.
그 어떤 것도 네가 뭔가 잘못했다는 뜻이 아니란다.

quiet 조용한 distracted 집중을 못하는 figure out 해결하다 in one's mind
~의 생각으로는 short 말이 짧은, 퉁명스러운 none of ~중 아무것도 …않다
mean 의미하다

I'll Take Care of Myself

I Am Strong Enough

I can handle my own feelings.
I'm the grown-up here,
and I can carry the heavy things.
Your heart gets to stay light.

나는 충분히 강해

내 감정은 내가 감당할 수 있어.
여기서 어른은 나야.
그래서 무거운 것들은 내가 짊어질 수 있단다.
네 마음은 가볍게 있어도 돼.

strong 강한   enough 충분히   handle 감당하다   grown-up 어른   carry 짊어지다, 옮기다   heavy 무거운   light 가벼운

I'll Take Care of Myself

Day 057

Even When…

Even when I'm busy, I notice you.
Even when I'm worried, I think of you.
Even when I'm low on energy, I love you.
I want you to remember that you're always loved.

설령 내가…

내가 바쁠 때도, 나는 너를 보고 있어.
내가 다른 걱정이 있을 때도, 너를 생각한단다.
내가 기운이 없을 때도, 나는 너를 사랑해.
네가 언제나 사랑 받고 있다는 걸 기억하렴.

notice 알아차리다   worried 걱정하는   low 낮은   energy 에너지

I'll Take Care of Myself

After the Storm

Sometimes I feel upset or angry.
But you are never in danger.
Those feelings don't last long,
just like clouds floating away in the sky.

폭풍이 지나간 후

가끔 내가 속상하거나 화가 날 때가 있어.
하지만 너는 결코 위험해지지 않아.
하늘에 떠다니는 구름이 흘러가는 것처럼,
그 감정들은 오래 가지 않아.

storm 폭풍 upset 속상한 in danger 위험에 처한 last long 오래 가다
float away 떠가다

I'll Take Care of Myself

Day 059

Joy Is My Job

It's not your job to keep me happy.
When you do make me smile, it's a gift.
But my joy is mine to create.
Your job is to be you.

기쁨은 나의 몫

날 행복하게 해 주는 건 네 일이 아니야.
네가 나를 웃게 해 줄 때, 그건 선물이야.
하지만 나의 기쁨은 내가 만드는 것이란다.
네가 할 일은 그냥 너 자신이 되는 거란다.

joy 기쁨 job 역할, 책임, 일 smile 웃다 gift 선물 create 창조하다

I'll Take Care of Myself

Day 060

Grown-Up Feelings

Grown-ups get sad.
Grown-ups get frustrated.
But none of that changes the fact
that you are loved, wanted, and safe.

어른도 감정을 느껴

어른도 슬플 때가 있어.
어른도 답답하고 짜증날 때가 있단다.
하지만 그 어떤 것도
네가 사랑 받고, 소중히 여겨지고, 안전하다는 사실은 변하지 않아.

grown-up 어른   get ~해지다   frustrated 좌절감을 느끼는, 답답한   fact 사실
wanted 소중히 여겨지는

I'll Take Care of Myself

CHAPTER 07

You Can Say No

싫다고 말해도 돼

You Don't Owe Everyone a Yes

You don't have to say yes
just to make someone happy.
You are not here to please everyone.
Your voice matters more than their approval.

모두에게 "네"라고 할 필요는 없어

누군가를 기쁘게 하려고 억지로 "네"라고 말할 필요는 없어.
넌 모든 사람을 만족시키려고 태어난 게 아니란다.
네 목소리(의견)는 다른 사람의 인정보다 더 소중해.

owe ~을 해야 한다고 생각하다   please 기쁘게 하다, 만족시키다   everyone 모두
approval 인정, 찬성

You Can Say No

Boundaries

When you tell me your limits,
I know how to love you even better.
Your "no" helps me understand you.
It shows me what makes you feel safe and happy.
That's how our love grows stronger.

경계

네가 너의 한계를 말해 줄 때,
나는 너를 더 잘 사랑할 수 있게 돼.
너의 "싫어요"라는 말은 너를 이해하는 데 도움이 돼.
그건 네가 무엇을 하면 안전하고 행복한지 알려 준단다.
그래서 우리의 사랑이 더 깊어져.

boundary 경계 limits 한계 understand 이해하다 show 보여 주다, 알려 주다
grow 자라다 stronger 더 강한

You Can Say No

"No" Is Not Unkind

Saying no doesn't mean you are being rude.
Kind people can still say no.
When you say no, you don't have to yell.
You can just say, "No, thank you."

"싫어요"는 불친절이 아니야

"싫어요"라고 말한다고 해서 무례한 게 아니야.
친절한 사람도 "싫어요"라고 말할 수 있어.
"싫어요"라고 할 때 소리 지를 필요는 없어.
그냥 이렇게 말하면 돼. "고맙지만 괜찮아요."

unkind 불친절한 rude 무례한 kind 친절한 still 여전히 yell 소리 지르다

Stand Up for Yourself

If someone calls you a name or says mean things,
you can say, "Stop" or "Respect me."
You deserve to be spoken to with kindness.
If they don't stop, you can step back and walk away.
You are worth protecting, always.

너 자신을 지켜야 해

누군가 너를 놀리거나 나쁜 말을 하면 이렇게 말할 수 있어.
"그만해." 혹은 "나를 존중해 줘."
넌 친절하게 대접 받을 자격이 있어.
그들이 멈추지 않으면 뒤로 물러서서 자리를 떠나도 돼.
넌 언제나 지켜줄 가치가 있는 아이야.

stand up for oneself 스스로의 편이 되어 주다 call someone a name (욕하거나 못되게) 놀리다 deserve 자격이 있다 step back 한 발 물러서다 walk away 떠나버리다 protect 보호하다

You Can Say No

Day 065

Your Worth Is Never in Question

Whether you say yes or no,
you are still worthy of love.
My love for you doesn't change
when you set a boundary.
You are precious just as you are.
Always remember, you are deeply loved.

너의 가치는 언제나 변함없어

네가 "응"이라고 해도, "싫어요"라고 해도
넌 여전히 사랑 받을 자격이 있어.
네가 경계를 세워도, 내 사랑은 변하지 않아.
넌 있는 그대로 소중한 아이란다.
꼭 기억해, 넌 깊이 사랑 받고 있어.

worth 가치   in question 의심스러운, 불확실한   worthy 가치가 있는   set 정하다
boundary 경계   precious 소중한   deeply 깊게

It's Okay to Change Your Mind

If you say yes and then realize you don't want to,
you can change your mind.
You can say,
"I thought I wanted to, but I don't now."
Your feelings can change, and that's okay.
The people who love you will understand.

마음을 바꿔도 괜찮아

처음에 "응."이라고 했다가
나중에 하기 싫어지면 마음을 바꿔도 돼.
"하고 싶었는데, 지금은 안 하고 싶어요."라고 말할 수 있어.
마음이 변하는 건 괜찮아.
널 사랑하는 사람들은 이해해 줄 거야.

and then 그런 다음   realize 깨닫다, 알게 되다   people 사람들   understand 이해하다

You Can Say No

Your Body Belongs to You

Your body is yours, my love.
When someone wants to give you a hug,
they can do it only when you say "Yes."
If you don't want it, you can say, "No, thank you."

네 몸은 너의 것이란다

네 몸은 네 것이란다. 사랑하는 아이야.
누군가 네게 안아도 되냐고 물으면,
네가 "응."이라고 할 때만 안을 수 있어.
원하지 않으면 "싫어요."라고 말해도 된단다.

belong 속해 있다 **yours** 너의 것 **give someone a hug** 안다
only when 오직 ~할 때만

You Can Say No

You Can Say No

Even when you say no, I still love you the same.
Love doesn't disappear
because you make a choice.
You are safe with me, no matter your answer.

싫다고 말해도 돼

네가 "싫어요."라고 해도, 난 똑같이 널 사랑해.
사랑은 네가 선택을 했다고 해서 사라지지 않아.
네가 어떤 대답을 하든, 너는 내 곁에서 안전하단다.

the same ~와 마찬가지로   disappear 사라지다   make a choice 선택을 하다
no matter ~과 상관없이

 You Can Say No

Others' Boundaries

Just like you can say no,
other people can say no too.
We can still be kind when we hear their no.
It just means they also have boundaries.

다른 사람들의 경계

네가 "싫어요"라고 말할 수 있는 것처럼,
다른 사람도 "싫어요"라고 말할 수 있어.
그 말을 들어도 우리는 여전히 친절할 수 있어.
그건 그 사람도 자기만의 경계가 있다는 뜻이야.

others 다른 사람들   still 여전히   hear 듣다   also 또한

You Can Say No

Respecting Others

When someone says no,
it doesn't mean they don't like you.
It means they are uncomfortable
or they need more space.
We can still be friends, even when we say no to
each other.

다른 사람을 존중하기

누군가 "싫어요"라고 말해도,
그게 너를 싫어한다는 뜻은 아니야.
그 사람은 불편하거나, 혼자만의 시간이 필요한 걸 수도 있어.
서로 "싫어"라고 해도 우리는 친구일 수 있어.

respect 존중하다   uncomfortable 불편한   space 공간   each other 서로

You Can Say No

CHAPTER 08

I See You

네 마음을 알아

I See You

I see you.

I see your courage, your joy, your heart.

I like seeing every little thing that makes you, you.

Even the silly and messy parts; they're all lovable.

네 마음을 알아

나는 널 이해하고 인정해.

네 용기, 기쁨, 그리고 마음을 다 느껴.

너를 너답게 만드는 모든 작은 것들도 참 좋아.

엉뚱하고, 엉망인 모습까지 전부 사랑스럽단다.

I see you. 네 마음을 알아. (상대의 존재 · 마음 · 노력을 온전히 알아주고 인정한다는 뜻)
courage 용기   joy 기쁨   silly 엉뚱한   messy 엉망인   lovable 사랑스러운

I See You

Your Joy

When you're excited, I see it in your eyes.
I see it in your smile, your voice, your whole body.
I love watching your happiness take up space.

너의 기쁨

네가 신이 날 때, 네 눈 속에서 그걸 느껴.
네 미소, 네 목소리, 네 몸 전체에서 그걸 느껴.
네가 행복한 걸 보면서, 그 행복이 공간 가득 퍼지는 것이 정말 좋아.

excited 신이 난 whole 전체의 happiness 행복 take up (시간, 공간을) 차지하다

I See You

Your Fear

When something feels scary,
you don't have to face it alone.
I'll be right beside you until you feel safe again.
It's okay to need me when things feel big.

너의 두려움

무서울 때는 혼자 맞서지 않아도 된단다.
네가 다시 안전하다고 느낄 때까지 내가 옆에 있을게.
세상이 너무 커 보일 때는 나를 필요로 해도 괜찮아.

fear 두려움 scary 무서운 face 맞서다, 직면하다 alone 혼자서 right beside 바로 옆에

I See You

Your Creativity

You have such creative ways!
You thought of something I didn't even imagine.
Your ideas are full of your own colors.
I love seeing the world through your mind.

너의 창의성

넌 정말 멋진 방법을 생각해 내는구나!
나는 상상도 못한 걸 네가 떠올렸어.
네 생각 속에는 너만의 색깔이 가득해.
네 눈에 비친 세상을 보는 게 참 좋아.

creativity 창의성   creative 창의적인   think of ~를 생각해 내다   idea 생각, 아이디어
full of ~ ~로 가득한   color 색깔, 개성

I See You

Your Kindness

I saw the way you shared today.
That was so thoughtful.
You chose to be kind,
even when you didn't have to.
That was so beautiful.

너의 친절함

오늘 네가 나눠 주는 모습을 봤어.
정말 배려를 잘했어.
꼭 그렇게 할 필요는 없었는데도 친절을 선택했구나.
그 모습이 참 아름다웠어.

kindness 친절함   share 나누다, 공유하다   thoughtful 배려심 있는, 사려 깊은
choose 선택하다   beautiful 아름다운

I See You

Your Effort

I saw how hard you worked on that.
Even when it got tricky, you kept going.
And that makes me so proud.
Trying your best is already a big win.

너의 노력

그걸 얼마나 열심히 했는지 봤어.
어려워졌을 때도 계속했잖아.
나는 그게 정말 자랑스러워.
최선을 다하는 건 이미 큰 승리야.

effort 노력   hard 열심히   tricky 까다로운   keep going 계속하다   proud 자랑스러운
try one's best 최선을 다하려고 하다   already 이미   win 승리

I See You

Your Patience

I noticed how you waited today.
You gave something the time it needed.
That's not always easy, but you stayed with it.

너의 인내심

오늘 네가 기다려 준 걸 봤어.
무언가에 필요한 시간을 주었구나.
그게 항상 쉬운 건 아닌데, 끝까지 함께했어.

patience 인내심   notice 알아채다   wait 기다리다   easy 쉬운   stay 머무르다

I See You

Your Courage

It took courage to try that.
I know you were nervous, but you still did it.
That's what bravery looks like.
I'm proud of the heart you carry inside you.

너의 용기

그걸 시도하는 데 용기가 필요했을 거야.
긴장했을 텐데도 해냈구나.
그게 바로 용기의 모습이야.
네 마음속에 있는 그 용기가 자랑스러워.

courage 용기   nervous 긴장한   bravery 용감함   proud 자랑스러운
carry ~을 마음에 담고 있다   inside ~안에

I See You

Your Smart Thinking

You found such a clever way to fix that.
You didn't give up until you found a solution.
Your mind is so curious and bright.
I love how you think things through.

너의 똑똑한 생각

그걸 고치는 아주 기발한 방법을 찾았구나.
해결책을 찾을 때까지 포기하지 않았어.
네 마음은 정말 궁금한 게 많고 반짝거려.
생각을 끝까지 해 보는 네 모습이 참 좋아.

smart 똑똑한 clever 영리한, 기발한 fix 고치다 give up 포기하다 solution 해결책
curious 호기심이 많은 bright 밝은 think through 끝까지 생각하다

I See You

Your Responsibility

You remembered to do what needed to be done.
You took care of your things without me asking.
That shows how much you're growing.
That was really responsible of you.

너의 책임감

해야 할 일을 기억하고 해냈구나.
내가 말하지 않아도 네 물건을 챙겼어.
그건 네가 얼마나 성장하고 있는지 보여 주는 거란다.
정말 책임감 있는 행동이었어.

responsibility 책임감   show 보여 주다   grow 성장하다   responsible 책임감 있는

I See You

CHAPTER 09

I'm Proud of You

네가 자랑스러워

Just As You Are

You don't have to change to be amazing.
You already are!
All the things I teach you are for you to grow.
I'm proud of you just as you are today.

있는 그대로의 너

너는 멋지게 변하려고 노력하지 않아도 돼.
이미 멋지거든!
내가 너에게 가르치는 모든 건, 네가 더 자라도록 돕기 위한 거야.
오늘의 너 그대로가 자랑스러워.

just as 꼭 ~처럼   change 변하다   already 이미   teach 가르치다
proud of ~을 자랑스러워하다

I'm Proud of You

The World Needs You

You are a mix of love, respect, and courage,
and the world needs more of you.
Always remember how much you matter.

세상은 너를 필요로 해

너는 사랑과 존중, 그리고 용기가 섞여 있는 아이야.
세상은 너 같은 사람이 더 많이 필요해.
네가 얼마나 소중한 존재인지 항상 기억하렴.

mix 혼합 respect 존중 courage 용기 more 더 matter 중요하다

I'm Proud of You

You Bring Joy

You bring joy without even trying.
Your laughter changes the air around you.
I hope you never forget how powerful that is.

너는 기쁨을 가져오는 아이야

넌 아무 노력을 하지 않아도 기쁨을 전해 줘.
네 웃음소리는 주변 공기를 바꿔.
그게 얼마나 큰 힘인지 절대 잊지 않기를 바라.

bring 가져오다   without ~없이   laughter 웃음   around ~주변에   forget 잊다
powerful 영향력 있는

I'm Proud of You

The Try Matters

I saw how you kept trying,
even when it got tricky.
That shows so much strength.
You didn't give up, and I'm so proud of that.

시도가 중요해

나는 네가 어려워져도 계속 시도하는 걸 봤어.
그건 정말 큰 힘이 있다는 뜻이야.
포기하지 않은 네가 너무 자랑스러워.

try 시도, 도전   matter 중요하다   keep 계속 ~하다   get 점점 ~해지다   tricky 어려운
strength 힘, 강인함   give up 포기하다

I'm Proud of You

Loved from the Start

Everything I teach you is to help you grow,
but you're already lovable before you learn
a single thing.
Learning just adds to the wonderful child
you already are.

처음부터 사랑 받는 아이

내가 너에게 가르치는 모든 건 네가 자라도록 돕는 거지만,
넌 배우기도 전부터 이미 사랑스러운 아이야.
배움은 네가 이미 멋진 아이인데 그저 더해질 뿐이야.

from the start 시작부터, 처음부터   everything 모든 것   lovable 사랑스러운
single 단 하나의   add 더하다, 덧붙이다   wonderful 멋진, 훌륭한   child 어린이

I'm Proud of You

Worth Beyond Winning

It doesn't matter if you win or lose.
You are worth the same either way.
I love you for who you are, not what you achieve.

이기는 것 이상의 가치

네가 이기든 지든 그건 중요하지 않아.
어느 쪽이든 넌 똑같이 소중한 사람이야.
나는 네가 해낸 성과가 아니라, 너라는 존재 자체를 사랑해.

beyond 그 너머에, 그 이후에   lose 지다   either way 어느 쪽이든, 어떤 경우든
achieve 성취하다

I'm Proud of You

Day 087

Simply You

There's no one else in the world quite like you.
That's why you're so special to me.
The world needs the exact kind of magic you bring.

그냥 너라서

세상 어디에도 너 같은 아이는 없어.
그래서 너는 나한테 특별한 존재야.
세상은 네가 가진 그 특별한 마법을 꼭 필요로 해.

simply 그냥, 그저   no one 그 누구도 ~않다   else 또 다른   quite 완전히, 전적으로
special 특별한   exact 정확한, 딱 맞는   kind 종류   magic 마법

I'm Proud of You

You Are My Joy

You make my life brighter simply by being in it.
Even on ordinary days, you're my favorite part.
You're my joy, because you're you.

너는 나의 기쁨이야

네가 내 삶에 있다는 것만으로도 내 하루가 환해져.
평범한 날에도, 너는 내가 가장 좋아하는 (하루의) 부분이야.
네가 그냥 너인 것이 내 기쁨이야.

brighter 더 밝은   simply 그냥, 그저   ordinary 평범한   favorite 가장 좋아하는   part 부분

I'm Proud of You

You Are Enough

You don't have to hide parts of yourself
to be loved here.
All of you are welcome with me;
the silly, the shy, the loud, and the quiet.
Every piece of you belongs.

넌 있는 그대로 충분해

사랑 받기 위해 너의 어떤 부분도 숨길 필요가 없어.
장난꾸러기인 너, 수줍은 너, 시끄러운 너, 조용한 너
모두 다 환영이야.
너의 작은 부분 하나하나가 다 소중해.

enough 충분한　hide 숨기다　welcome 환영 받는　silly 장난꾸러기 같은, 엉뚱한
shy 수줍은　piece 한 부분, 조각

I'm Proud of You

CHAPTER 10

You Can Do It

넌 할 수 있어

Day 090 Trying Is Winning

The moment you try, you've already won.
You've chosen to show up instead of quit.
I am so proud of you!
I'm cheering for you, always.

시도하는 게 이기는 것

네가 시도하는 그 순간, 이미 이긴 거야.
넌 포기하지 않고 해 보기를 선택했어.
네가 정말 자랑스러워!
난 언제나 너를 응원할 거야.

moment 순간   win 이기다   show up 나타나다, 참여하다   instead of ~ 대신
cheer for ~을 응원하다

You Can Do It

Brave Enough to Begin

It's brave to start something new.
You don't have to know everything before you begin.
You can learn as you go.
And I'm right here while you do.

시작할 만큼의 용기

새로운 걸 시작하는 건 용기 있는 일이야.
처음부터 다 알 필요는 없어.
하면서 배워도 돼.
네가 하는 동안 나는 바로 여기에 있을게.

begin 시작하다   something new 새로운 어떤 것   learn as you go 하면서 배우다
right 바로   while ~하는 동안

You Can Do It

Mistakes Mean You're Learning

Mistakes don't mean you can't do it.
They mean you're learning something new!
And every new mistake means you're still trying.
I'll be here every time you try again.

실수는 배우고 있다는 뜻이야

실수한다고 해서 못한다는 뜻이 아니야.
그건 네가 새로운 걸 배우고 있다는 뜻이야!
모든 새로운 실수는 네가 여전히 도전하고 있다는 신호야.
다시 시도할 때마다 내가 여기 있을게.

mistake 실수   mean 의미하다   learn 배우다   try 시도하다   every time ~할 때마다

You Can Do It

Just Ten Minutes

I know you don't feel like trying right now.
Sometimes starting is the hardest part.
Let's just try for ten minutes.
You might surprise yourself once you begin.

딱 10분만

지금은 하기 싫은 마음인 거 알아.
가끔 시작하는 게 제일 어려울 때가 있지.
그냥 딱 10분만 해 보자.
막상 시작하면 네가 스스로 놀랄 수도 있어.

minute 분　hardest 가장 어려운　part 부분　for ~동안　surprise 놀라게 하다
once 일단 ~하면

You Can Do It

Keep Drawing

It's okay if the result doesn't look the way you want.
Every time you draw, your hands learn something new.
Let's just enjoy coloring it together today.
I love seeing what you make.

계속 그리기

결과가 네가 원하는 모습이 아니어도 괜찮아.
네가 그림을 그릴 때마다, 네 손이 새로운 걸 배워 가고 있어.
오늘은 그냥 함께 색칠하는 걸 즐기자.
네가 만든 걸 보는 게 참 좋아.

draw 그림을 그리다　result 결과　way 방식　every time ~할 때마다　enjoy 즐기다　color 색칠하다　together 함께

Little Steps Add Up

Even the smallest steps are a victory.
One more try, one more moment.
They all count.
Big goals are made of tiny pieces.
And you're putting yours together beautifully.

작은 걸음이 모여서

아주 작은 걸음도 승리란다.
한 번 더 시도하고, 한 순간 더 버티는 거야.
그 모든 게 다 소중해.
큰 목표는 작은 조각들이 모여서 만들어져.
그리고 너는 그 조각들을 멋지게 맞춰 가고 있어.

step 걸음 add up 늘어 가다 victory 승리 moment 순간 count 중요하다 goal 목표 tiny 아주 작은 piece 조각 put together 조립하다 beautifully 아름답게

You Can Do It

Closer Every Time

Every time you get it wrong, don't worry.
You're getting closer to getting it right.
That's how learning works.
I'm proud of you for sticking with it.

매번 조금씩 가까워지는

틀릴 때마다 걱정하지 마.
맞게 될 날에 조금씩 더 가까워지고 있는 거야.
배움이란 그런 거야.
포기하지 않고 계속하는 네가 자랑스러워.

closer 더 가까운 every time 매번 wrong 틀린 worry 걱정하다 right 맞는
work 진행되다, 작동하다 stick with ~을 계속하다

You Can Do It

Take a Break

It's okay to take breaks.
Rest gives you more energy to try again.
Trying again is what makes you grow.
And I'll celebrate every single try.

쉬어 가기

쉬어도 괜찮아.
휴식은 다시 도전할 힘을 주거든.
다시 도전하는 건 너를 자라게 하는 거야.
그리고 나는 네 모든 도전을 축하할 거야.

take a break 쉬다   rest 휴식   energy 힘, 에너지   again 다시   celebrate 축하하다
every single 각각의, 하나하나의

You Can Do It

Trying Again

It didn't work this time, but that's okay.
You can try a new way.
Every try helps you get better.
I'll be right here rooting for you.

다시 해 보기

이번에는 잘 안 됐지만, 괜찮아.
새로운 방법으로 해 볼 수 있어.
시도할 때마다 점점 나아질 거야.
난 여기서 계속 널 응원할 거야.

this time 이번에   new way 새로운 방법   get better 점점 더 나아지다
root for ~를 응원하다, 지지하다

You Can Do It

Proud No Matter What

I'm proud of you for trying, no matter the result.
You are more than your wins and losses.
You are the kind of person who doesn't give up.
And that's something to be proud of forever.

결과와 상관없이 자랑스러운 너

결과가 어떻든 시도한 너 자체가 자랑스러워.
넌 이기고 지는 걸로만 정해지는 아이가 아니야.
넌 포기하지 않는 아이야.
그리고 그건 평생 자랑스러워할 일이란다.

proud 자랑스러운　result 결과　wins and losses 승리와 패배, 이기고 지는 것
give up 포기하다　forever 영원히

You Can Do It

You Can Figure It Out

Even if you don't know yet, you can figure it out.
Your brain is always learning, always changing.
Every try is building new skills.
I can't wait to see where you go next.

너는 해낼 수 있어

아직 몰라도 괜찮아, 넌 해낼 수 있어.
너의 머릿속은 항상 배우고, 계속 변하고 있단다.
네가 시도하는 모든 순간이 새로운 능력을 만들고 있어.
다음에 네가 어디로 갈지, 정말 기대돼.

figure out 이해하다, 알아내다   yet 아직   brain 머리, 뇌   build 쌓다   skill 기술
can't wait ~이 기대되다

You Can Do It